AF595388

Mi gran largo viaje

Una historia impactante

Juan Carlos Amaro

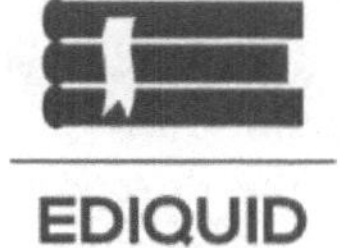

EDIQUID

MI GRAN LARGO VIAJE
Una historia impactante

Editado por: Corporación Ígneo, S.A.C.
para su sello editorial Caduceus
José Olaya 169, Ofic. 504, Miraflores. Lima, Perú
Primera edición, diciembre, 2024

ISBN: 978-612-5184-06-1
Tiraje: 50 ejemplares

Hecho el Depósito Legal en la Biblioteca Nacional del Perú N° 2024-11459
Se terminó de imprimir en diciembre de 2024 en:
ALEPH IMPRESIONES SRL
Jr. Risso Nro. 580 Lince, Lima

www.grupoigneo.com
Correo electrónico: contacto@grupoigneo.com | Teléfono: +51 955 071 270
Facebook: Grupo Ígneo | X: @editorialigneo | Instagram: @grupoigneo

Colección: Nuevas Voces

Contenido

Capítulo I

Mi nombre es Juan Carlos Amaro, nacido el 29 de octubre de 1956 en el hospital de Paysandú. Nací fuera de tiempo. Mi madre me entregó al mes y medio a una señora llamada Adela Fontela, quien pasó a ser mi madre de crianza. Yo tenía una enfermedad que, prácticamente para la medicina de aquellos tiempos, estaba desahuciado. Según los médicos, padecía de desnutrición, ya que era solo piel y huesos, y tenía una inmensa barriga. Eso me lo relató mi madre de crianza. Además, me daban convulsiones.

Había un médico muy conocido en Paysandú llamado Dr. Estanio, que iba a mi casa a resucitarme debido a las inmensas convulsiones que ya no soportaba. La última convulsión fue tan fuerte que el doctor ya me estaba dando por muerto y, justo por casualidad, mi mamá de crianza tenía un tío que venía de campaña trayendo consigo un aceite de un animal salvaje que hasta el día de hoy no logré saber cuál era. Intentaron abrirme la boca, ya que por sí solo no podía; también tenía los ojos cerrados. En una palabra, estaba muerto en vida. El doctor ya le había dicho a mi madre de crianza que fuera viendo dónde me iban a sepultar porque mis horas estaban contadas.

Durante los siguientes tres días estuvieron dándome dicho aceite, el cual se me hacía difícil de tomar. Pasados esos días, abrí los ojos. Gracias a mi PADRE... MI DIOS, el grande, pude empezar a tomar la leche, la cual antes no tenía fuerzas para hacerlo.

A los días, regresó el médico y le preguntó por mí a mi madre de crianza, la señora Adela Fontela. Ella le dijo:

—Mire, doctor, el niño está en esa cama.

—No puede ser —respondió el doctor.

Cuando me vio, se dirigió a mi madre de crianza y le dijo:

—Yo nunca creí en milagros, pero hoy creo en ellos porque este niño estaba muerto cuando yo lo dejé.

Inclusive, el médico le dijo a mi madre de crianza:

—Usted a este niño no lo entregue en las manos de su madre porque lo dejará morir.

A lo cual no hubo necesidad porque mi madre ya me había dado para no volver a saber de mí o para no volver a tener responsabilidades. Es algo que no puedo juzgar porque no lo sé. Pero Dios es más grande que cualquier otra cosa porque, gracias a Él, volví a la vida, como también puso a esa persona con el respectivo aceite en sus manos. Ella nunca venía al pueblo, pero ese día, por casualidad, se apareció. Yo sé que no fue una casualidad, sino Dios quien lo puso ahí para salvar mi vida.

Hoy le agradezco a mi padre celestial, ya que yo no tuve padre ni tampoco madre, dado que ella me entregó y nunca quiso saber de mí. Pasado ese tiempo, seguí creciendo. Nació mi hermanita casi dos años después, y mi madre verdadera también se la dio a la señora Adela Fontela, mi mamá de crianza. Mi hermanita tenía tan solo quince días de nacida. Lo único que puedo decir, ya que mi mamá de crianza me contó, es que estuve al borde de la muerte. El único que estuvo a mi lado fue Dios, y le agradezco infinitamente.

Pasó el tiempo. Mi hermana ya tenía casi cinco añitos. Vino mi madre verdadera y se la pidió prestada a mi madre de crianza, diciendo que la iba a llevar a la casa de una tía para que la acompañara, y se la dejó. Esa señora vendría a ser tía abuela nuestra, y mi hermana no volvió. Yo sufrí mucho porque extrañaba a mi hermanita. Ella era todo para mí porque, aparte, la señora Adela Fontela crio a tres chicos más que no eran hermanos míos ni tampoco entre ellos, pero para mí fueron mis hermanos de crianza.

Cuando yo tenía ocho meses, el esposo de mi mamá de crianza falleció. Se llamaba Mario Pérez. Seguí creciendo, y mi mamá de crianza, una grande, una genia, la vi perderlo todo y quedar pobre, dado que ella tenía dos hijos más. El hombre tenía hijos también y le pidieron parte de la casa, dejándola sin nada. De ahí fuimos a parar a otro lugar.

Yo estaba creciendo, empecé a vender maní, cantaba para los niños, les gustaba la música y de esa manera me iba ganando la vida. Nos íbamos arreglando con el maní hasta que un día decidí ir a la casa de mi abuela verdadera, la madre de mi madre.

Me llevaron al campo y fue el peor error de mi vida haberme ido. Fui castigado y golpeado permanentemente, vivía como esclavo. Me hacían dormir en el piso de un galpón frío. En pleno invierno me mandaban de short a la escuela, se me enfriaban las piernas, tenía las mismas todas golpeadas. Me daban con un arreador y cuando no les alcanzaba, me daban con el mango de este.

Tenía todas las manos destrozadas, iba a la escuela y manchaba los cuadernos de sangre debido a las terribles grietas de mis manos. Me acuerdo de que había una maestra llamada Ana que me llamaba y me decía:

—Ven.

Yo veía que derramaba lágrimas y le preguntaba:

—Señorita, ¿por qué llora?

—No me preguntes y dame tu mano —me respondía, y me pasaba una pomada.

Las torturas venían de mi propia familia. Trabajaba como hombre, ordeñaba vacas y andaba en los campos trayendo agua, porque les gustaba lavarse la cabeza con agua dulce y me hacían ir hasta un arroyo y traer baldes de agua que apenas podía cargar.

A veces lloraba porque no aguantaba más. Suplicaba a Dios padre: «¡Porque esto ya no quiero ser más esclavo!». Todos los días le pedía: «¡Ya no quiero más golpes!». Todos los días eran lo mismo: palizas tras palizas. Me orinaba porque pasaba frío en el piso. Me tapaban con cueros y a veces me ponían una bolsa de arpillera en el piso frío y duro de ladrillos de un galpón.

Tenía una tía, esposa de mi tío, que a veces me sacaba para que no me golpearan. Le pedía a mi abuela si podía acompañarla con sus niños porque ella veía todo lo que me hacían.

He sufrido mucho, pero he aprendido a valorar también las cosas. Después de dos años y medio de estar en el campo, fallece mi abuela. Me trajeron de vuelta a Paysandú, porque yo me encontraba en El Sauce (Río Negro), cerca de Young. Regresé a donde estaba mi mamá de crianza, la señora Adela Fontela. Me fui criando un tiempo con una familia, otro tiempo con otra y así, pero mi madre de crianza siempre estaba y no le gustaba que nosotros pasáramos hambre. Fue algo impresionante de vivir.

Al volver a la casa de mi mamá de crianza, comencé a trabajar en una carnicería de Ciliani en Paysandú. En ese lugar trabajé un año y algo. Me querían un montón, me daban la carne todos los días. El pago era los fines de semana. De ahí, yo me compraba mis artículos de higiene personal, alguna ropa y además ayudaba a mi mamá de crianza y a mis hermanos.

Con mi madre de crianza estuvimos viviendo en una casa enorme, tan grande que parecía una mansión, ubicada en el departamento de Paysandú, en la calle Tacuarembó y Queguay. Ahí tuve una aparición. Me despierto y veo a una mujer con un niño en los brazos en la noche. Ella me miraba y miraba al niño. Fue algo impresionante. No era una virgen, era una simple mujer cuya luz irradiaba hacia mí. Quise llamar a mi madre y mis manos no me permitieron tocarla. Me quedé mirándola un rato y a su vez ella me miraba a mí. Fue lo más extraño que tuve en mi vida. Aún hoy recuerdo esa imagen.

Después, mi madre de crianza tuvo que vender la casa. Teniendo yo 6 o 7 años, nos fuimos a vivir a un barrio precario, el Barrio Artigas. Un barrio lindo, pero prácticamente la casa estaba ubicada en una cañada. Se alquiló esa casa que pertenecía a una familia Azambuya. La casa se inundaba, el agua pasaba por debajo de la cama. Mi mamá de crianza nos subía a la cama y allí nos dejaba para evitar mojarnos.

Después, una maestra de apellido Murieda, cuyo nombre no recuerdo, le pidió a mi mamá de crianza si me podía llevar con ella. A lo que ella respondió:

—Si él quiere ir, porque se da con todo el mundo, es un niño muy querido por las personas.

Al final me fui con esa maestra. Estuve un año en un lugar que se llamaba Colonia del Ombú, perteneciente a unos alemanes, que está ubicada a pocos kilómetros de Young. Después regresé a casa de mi mamá de crianza, ya que solo fui con ella el tiempo que duraban las clases escolares. A pesar de que la maestra era una adoración y me trataba muy bien, yo extrañaba a mi mamá de crianza. Cuando me quiso llevar por segunda vez, ya no quise ir.

Después, me fui con una familia Maristán. Ellos me querían tener dado que mi mamá estaba pasando por una situación de pobreza, no teniendo mucho para comer. Entonces, como ella no quería que nosotros pasáramos mal porque nos amaba mucho, nos dejaba ir un tiempo con una familia y otro tiempo con otra.

Mi madre verdadera me invitó a pasar una temporada en el campo, donde había un señor en la Facultad de Agronomía de apellido Chineli. Un señor muy bueno, pero mi madre verdadera no le dijo que yo era su hijo, sino que yo era un vecinito de ella, ya que no le gustaba que le dijeran mamá.

Para nosotros, ella era simplemente Ana. Fui con el señor al campo a darle de comer a unos pajaritos, ya que él me adoraba. Me preguntó si yo era vecino de Ana, a lo que respondí que yo era su hijo. El señor Chineli no lo tomó muy bien y le pidió, por favor, que se retirara del campo, llevándola al pueblo junto conmigo. Después de lo ocurrido, no la quiso traer más.

Un día, el señor Chineli pasó por la casa de mi mamá de crianza y le preguntó por mí:

—¿Me deja ir al campo en compañía de él? —le dijo.

Ahí estuve unos días y me trajeron de vuelta al pueblo. La pasé muy bien, me trataron divinamente. Fue una experiencia muy linda para mí.

Después de toda esa vivencia, emprendí un viaje a Argentina para ir en busca del reencuentro con mi mamá.

Capítulo II

Como mencioné en el capítulo anterior, ya habiendo juntado algo de dinero realizando trabajos de todo tipo, tomé la decisión de irme al vecino país, Argentina, en busca de mi madre, ya que yo sabía que ella estaba bien económicamente y me podría ayudar, dado que se desempeñaba como cantante en eventos o en algún muchos lugares.

Para poder emprender mi tan deseado viaje, tuve que pedirle un documento a un tal Señor de apodo Lechuga, que era jefe de aduanas en Paysandú, y con la ayuda de mi madre de crianza logré sacarlo. Pero para poder irme al país vecino, dado que yo era menor, tuve que hacerlo en compañía de un señor que tenía una carpintería en Concepción del Uruguay. Llegué a dicha ciudad, él me ayudó bastante dándome algo de dinero, pero además yo también hacía algún trabajito. Así, llegué a un restaurante que estaba frente a la terminal y le pregunté al dueño si había posibilidad de trabajar ahí. Él me respondió, al verme tan pequeño y delgado:

—Pero tú eres menor.

Entonces yo le dije que igual podía lavarle los platos a cambio de un plato de comida. El dueño del restaurante me miró y me dijo:

—Yo tengo un terreno para carpir. ¿Cómo te encuentras tú para poder hacerlo?

—Yo me he criado en el campo —respondí—, dándole de comer a los animales y llevándolos a pastar, por lo tanto, carpir un terreno sería una tarea más en la larga lista de trabajos ya realizados.

Ese día me dio almuerzo y cena, y al otro día me llevó a su casa a carpirle el terreno. Me dejó con una azada en un terreno bastante grandecito para poder realizarlo yo solito, pero igual tomé el trabajo y lo saqué adelante. Cuando yo llegaba, empezaba a carpir, y la señora de la casa me arrimaba un desayuno. Al mediodía, el almuerzo. Ambos se portaron muy bien conmigo. Me llevó tres días carpir todo el terreno. Él pensó que me iba a llevar más tiempo hacerlo. La señora fue y le dijo:

—Te quedó el terreno que parece un billar. Anda a verlo con tus propios ojos.

Cuando llegó y lo vio, se asombró y me preguntó:

—¿Cómo pudiste hacerlo solo y en tan poco tiempo?

—Yo he trabajado en el campo a fuerza de esclavitud —respondí—, haciendo todas las tareas de este (ordeñando vacas, carpiendo, llevándolos a beber y a pastar). En una palabra, hacía de todo, no importando el trabajo que me dieran.

Ahí le conté que, siendo las 10 de la noche, tenía que pisar los alambrados para pasar los animales, y en uno de esos tantos días tuve una segunda visión. Estando en el campo a las 12 de la noche, empecé a notar que las vacas disparaban y vi una silueta enorme que caminaba a mi lado. Primero pensé que era un tío, pero era demasiado grande para ser real. Nunca pude ver su rostro. También pensé que podía ser una sombra, pero no, porque en la oscura noche no hay sombras. Le hablé, refiriéndome como si fuera ese tío mío, y le pregunté:

—¿Qué pasa, tío, que no me ayudas con los animales?

Lo raro es que yo me movía de un lado a otro y siempre esa silueta me acompañaba en mis movimientos. Como apareció de la nada, desapareció. Miro a mi alrededor y estaban todos los animales en su lugar. Eso me asombró mucho.

Entonces el dueño del restaurante me dijo:

—Tú eres merecedor de que yo te regale el pasaje a Buenos Aires. Además, te voy a dar dinero para que te compres comida y para los días que tengas que estar ahí.

Y así fue como llegué a la ciudad de Buenos Aires.

Ya estando en dicha ciudad, me dirigí a la casa de una tía mía y no me quiso abrir la puerta. Pasaron un par de días y luego me fui en busca de mi hermano. Él me consiguió una habitación en la misma pensión en la que estaba él, y me ayudó en fin. De ahí salí a buscar trabajo. Mucha gente se había encariñado conmigo, ya que desde niño fui muy dado, pero a su vez muy respetuoso.

Apareció una familia de Corrientes que tenía un solo hijo, y me invitaron a pasar unos días con ellos. El hijo de ellos era un poco mayor que yo y se había encariñado conmigo. Como yo me doy con todo el mundo, era bienvenido en varios lugares, ya que no tenía enemigos.

Yo amo a todos por igual, y así me fui haciendo entre la calle, hasta que conseguí trabajo en un restaurante. Roberto se llamaba el dueño, era italiano y tenía un hijo chico, Robert, que me adoraba; era como un hermanito para mí. Ahí le conté la historia de que andaba en busca de mi madre, entonces él me dio el trabajo. Me pidió que no anduviera de noche, ya que estaban en tiempos de dictadura. Yo ganaba bien el día de trabajo y me pagaba un taxi que me cobraba alrededor de $ 800 porque no era lejos.

Cuando iba a trabajar, tenía el desayuno y la comida. Me desempeñaba como lavacopas y, además, seguía con lo que tanto me gustaba hacer: cantar. De vez en cuando, me paraba en algún lugar y cantaba, pues siempre amé la música y también a los niños. Siempre los he ayudado en lo que he podido para que tuvieran una Navidad o para que siguieran adelante con sus metas y sueños. También amo a los ancianos.

Y así me fui haciendo camino entre tropiezos y demás. Cabe agradecer a mi hermano, que me dio una gran mano; sería injusto si no lo reconociera, ya que yo amo a mis hermanos porque Dios me trajo a este mundo para amar y ser amado. Ese es mi lema: amar para ser amado, no odiar para no ser odiado. Mi corazón no carga rencor ni soberbia, y para mí el amor es la mejor medicina, la cual me hace estar acompañado en momentos de soledad.

Teniendo 18 años, conseguí un trabajo en un reparto de carnes y achuras con el Sr. Carlitos Deluche. Después me fui a trabajar con su cuñado, hombreando media red de carne con Jorge Todarelo, de una provincia de Buenos Aires la cual no recuerdo. Ellos se habían encariñado conmigo por lo trabajador y respetuoso que era, dada mi corta edad.

Vivía cerca de Once, en Buenos Aires, y estábamos esperando el camión para ir a trabajar, dos muchachos y yo. Uno de ellos era jujeño y se llamaba Carlitos. Entonces llegó un Ford Falcon, se bajaron unos policías y comenzaron las trompadas y patadas en el estómago y la cabeza. Sin mediar palabra, nos metieron dentro de una galería y nos golpearon sin piedad.

Después, nos metieron a la fuerza dentro del Ford Falcon y nos llevaron al departamento de policía. Nos siguieron golpeando, nos desnudaron y nos daban choques eléctricos con un cable de 110. Nos vendaron los ojos y nos hacían tocar las partes íntimas. Luego, uno me dio un culatazo con el arma que terminó por abrirme la cabeza y comencé a sangrar.

Además, estaban hirviendo agua y se la tiraron por encima a Carlitos, el jujeño. Al otro muchacho lo golpearon también. Cuando a mí me tiraron el agua, ya estaba tibia y no llegó a ampollarme. Mojaban los paños de piso y nos pasaban corriente en los pies, en los genitales. En fin, eran tantos los golpes que uno de ellos dijo:

—Tenemos que matarlos... llévenlos a donde ustedes saben y mátenlos.

En eso cae una mujer, que no sé si sería jefa de ellos, y asombrada de ver tanta sangre exclamó:

—¿Y esto qué es?

Como estábamos desnudos, nos tuvimos que vestir como pudimos y nos tiraron por el fondo del departamento de policía. Justo venía pasando un ómnibus y la gente, al vernos todos ensangrentados y tirados como si fuéramos animales, le pidieron al chofer que parara. Se baja un señor y dice:

—Pero a estos chicos yo los conozco.

Él trabajaba en un taller y gasolinera casi pegado a donde vivíamos nosotros. Entonces el chofer preguntó si nos llevaban al hospital, pero no; nos llevaron hasta donde vivíamos. El hombre tocó timbre y salió doña Elena, la dueña de la pensión. Le dijo:

—Los chicos están muy golpeados y lastimados.

Éramos dos, porque al otro no sabemos si lo mataron. Lo único que recuerdo es que lo arrastraron y a nosotros nos sacaron por el fondo. Por eso, hasta el día de hoy, no pude saber qué sucedió con el otro muchacho.

Así fue como Carlitos, el jujeño, se lo llevó su madre de nuevo a su ciudad. Yo quedé al cuidado de doña Elena. No podía tragar debido a las lesiones recibidas. Comía lo que podía hasta que sané. Volví a trabajar con mi hermano hasta que un día él me consiguió una conexión con mi madre, Ana. Me dijo:

—Mira, ella me va a esperar en tal lugar.

Fue de esa manera como me encontré con ella. Me invitó a desayunar en un lugar en el centro de Buenos Aires, en un boliche que estaba ubicado abajo del Hotel Savoy. Bueno, ahí desayunamos y en un momento dado le dije:

—Mamá...

Entonces se incorporó y me dijo:

—No me llames mamá porque te doy una cachetada. Mis hombres no saben que tengo hijos. Tú eres el hermano más chico que tengo.

A mí me golpeó en lo más profundo el no poder llamar mamá a mi propia madre. Entonces me dijo:

—Yo voy a venir por ti. Aprontate que regreso por vos.

Ella se iba para la Patagonia.

—Muy pronto vengo a buscarte —dijo.

¡Nunca apareció! Esperé su regreso, el cual nunca llegó...

Han pasado 40 largos años... en ese tiempo formé mi familia. Conocí a una muchacha llamada Isabel, nos casamos en Argentina. Ella me dio tres hermosos hijos, pero luego empezaron los problemas de pareja por motivos económicos, ya que en ese momento se vivía una situación difícil en el país. Fue así como tomamos la determinación de separarnos.

Regresé a Uruguay y allí conocí a una muchacha, Lourdes. Nos unimos como pareja y ella me regaló la dicha de ser papá por cuarta vez. Fueron 11 años de compartirlo todo, pero nuevamente se instalaron las diferencias entre los dos, por lo que ella se fue al departamento de Salto, a un pueblito llamado Belén, donde tuvimos nuestra casita y ella decidió instalarse allí.

Yo seguí en la ciudad de Montevideo. La vida, o el destino, o Dios, pusieron nuevamente el amor frente a mí. Partimos hacia el departamento de Rivera y de esa unión nacieron mis dos últimas hijas. Yo trabajaba en dicha ciudad como director de un programa llamado «Corazones Solidarios», el cual se dedicaba a ayudar a niños carenciados.

En un momento dado, esa muchacha a la que un día le había dado mi amor decidió marcharse de mi lado, dejando a sus hijos al cuidado de un vecino. Ahí tuve que hacerme cargo de mis hijos como padre y madre a la vez. Luego, esa muchacha regresó a llevarse a sus hijos a Montevideo, y como yo no podía ni quería perder la custodia de mis hijos, viajé hacia Montevideo. Esa misma muchacha un día salió de fiesta, dejando a sus hijas a mi cuidado, y nunca regresó...

Fue ahí que la vida me presentó una nueva oportunidad de ser feliz y puso ante mí a una mujer maravillosa, una gran mujer llamada Lourdes Sasía. Nos pusimos de novios, ella me brindó todo su apoyo tanto a mí como en el cuidado de mis hijos. En un momento dado, tuvimos que ingresar a mi hija al hospital Pereira Rossell por un quebranto de salud que la llevó al quirófano, y junto a ella se internó para cuidarla mi gran compañera, que a pesar de no ser su mamá la cuidó como si lo fuera. Ella se ha ganado el amor de mis hijas, porque a pesar de que no eran suyas, hoy ya siendo mayores, la aman como su segunda mamá.

Así pasó el tiempo y mi hermana me avisó de un correo electrónico que le llegó a mi cuñado de una chica llamada Bruny Silva, que decía que una tal Ana Esther Amaro buscaba a su familia. Ella mencionaba que eran hermanos, no sus hijos, los que buscaba. Le escribí y le dije que era el familiar más cercano que podía tener esa mujer. A lo que ella me preguntó:

—¿Eres su hermano, no?

—Soy su hijo —respondí.

—Pero Ana dice que no tiene hijos —ella me dijo—, que tiene hermanos.

Aunque me dolió un poco, seguí adelante porque no soy quien para juzgar a nadie, y mucho menos al ser que me dio la vida. Hasta que logré juntar el dinero y llegar a la Patagonia a ver a mi madre. La misma chica me esperó en la terminal. En ese tiempo fui con mi compañera Lourdes Sasía, una genia, un amor de persona a la cual, aunque hoy no está a mi lado, voy a amar toda mi vida. Ella me acompañó al reencuentro con mi mamá.

Esta muchacha que me contactó no le quiso decir a Ana que su hijo iba a ir a verla; era una sorpresa para mi madre, dado que justo era el cumpleaños de ella. Al llegar a la casa, veo una casita de madera. Ella estaba con otra persona que la cuidaba. Entré y dije:

—Buenos días.

—Buenos días, señor —ella respondió.

Me preguntó si yo era el novio de una de las amigas de ella, una que era joyera. Le dije:

—¿Usted me conoce a mí? ¿Sabe quién soy?

—No lo conozco, señor, discúlpeme —respondió.

A lo que contesté:

—Yo soy su hijo... Carlitos.

En ese momento reinó un silencio en el lugar y ella soltó una lágrima, acompañada de una exclamación:

—¡No puede ser! ¡Carlitos, eres mi hijo!

—Feliz cumpleaños. Este es mi regalo para ti: mi presencia, además de unas cositas que le llevamos con Lourdes, mi compañera —le dije.

—Este es el mejor regalo que me dio Dios —dijo ella.

—Así es, vine a verte porque soy tu hijo —contesté.

A pesar de todo, pasó el tiempo. Mi hermano la trajo a Uruguay y seguimos en contacto, viéndonos. Él le alquiló una casa, pero ella ya no quería estar más allí porque se sentía mal. A los años, falleció.

Si algún día encuentro a todos aquellos que me torturaron y me lastimaron, los abrazaría y les daría un beso en la frente. Les diría que Dios los ama y yo también, que están perdonados.

Si mi abuelita estuviera aquí hoy, la abrazaría con todas mis fuerzas y le diría tantas cosas hermosas. Le diría que la amo con todo mi corazón y que jamás dejaré de amarla. Hoy me di cuenta de que fui un niño honrado y que, a pesar de todo, aprendí valiosas lecciones en la vida, como amar al prójimo.

Yo vine a este mundo a amar y a ser amado. Tengo cuatro enemigos: el odio, el rencor, la soberbia y el orgullo. Pero tengo un amigo muy grande, que es el amor por las personas, y doy gracias a mi Padre por todo esto, Dios, que me enseñó a amar.

Me vine para mi casa en Uruguay, seguí en lo mío, el trabajo y la música. Cuando llegó la pandemia, perdí todo: mis vehículos, me separé, mis hijas crecieron y se fueron. Me angustié mucho, estuve con depresión, luego estuve internado por COVID, donde una vez más mi Padre Dios me dio otra oportunidad de seguir adelante y poder seguir luchando.

Hoy en día, me jubilé con un monto tan bajo que no me alcanza para sobrevivir. Por lo tanto, salgo a las calles a cantar y ayudar a otras personas que también necesitan. Si me preguntaran cuál es mi sueño, sería tener un auto para recorrer mi país con mi música y poder seguir ayudando a otros.

Gracias a todas estas personas que están aquí, pude cumplir mi sueño, que era escribir mi propio libro.

Sr. Cairo Gabinio

Sr. Eduardo Pires de Sa.

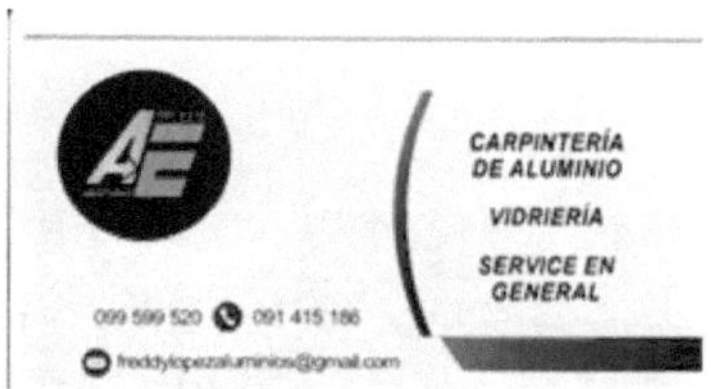

Heladería Messano
Dirección 25 de agosto 845 .San Carlos Dto de Maldonado Uruguay

AMIGO COLABORADOR:

Ingeniero Químico Jacinto Muxí Muñoz: Gracias por la colaboración a un gran amigo que hace posible que yo pueda salir adelante y cumplir mi sueño.

Información del autor

Juan Carlos Amaro
Correo: jc.amarorivera2014@hotmail.com
Alternativo: melpoprogreartes@gmail.com.

Lecturas recomendadas

Los monstruos bajo la cama (Alan G. Ramírez R.)

Lo amargo de la soledad (Katherine Ortega)

Mario, una vida de resiliencia (Vladimir Tlapapal)

EDIQUID

www.ingramcontent.com/pod-product-compliance
Lightning Source LLC
LaVergne TN
LVHW042239190726
843491LV00003BA/1143

* 9 7 8 6 1 2 5 1 8 4 0 6 1 *